Déchiffrage

Rudi Meyer • Marc Thébault

The Onslaught Press
Saint-Germain-en-Laye
Février 2020

Déchiffrage

Rudi Meyer • Marc Thébault

0

1

2

3

4

5

6

7

8

9

à

dans

par

pour

en

vers

avec

de

sans

sous

à	0
dans	1
par	2
pour	3
en	4
vers	5
avec	6
de	7
sans	8
sous	9

À
posé près du zéro
chaussé de cent aller-retour
verse à l'envers
sur de bruissantes asphaltes
sur sentes nues et numéraires
toutes vêtues de gris cobalt
des averses d'Anvers
pour parfaire l'écho
des o venus d'alentour

Dans

dense et debout l'un

biffe l'espace d'un rien

les trois coins euclidiens

des talus chaoïdes

ouvertes aux nombres aux hymnes

de violines primevères en prime

tissent au bord des heures

des leurres androïdes

à l'abri des peurs et abîmes

l'ı s'éclot ou s'éteint

Par
tout de go et à deux
séparés en segments
à pieds parallèles
tout se joue dans ce duel
d'horizontales brahmanes
à cambrer brune en Diane
qui tomberait du ciel
de cette enclave méandrique
orbe non close ove oblique
double l'on des passants
en 2 d'eux silencieux

Pour
épreuve par trois
coups portés en plein air
l'annonce en miroir d'un mystère
froisse mars en de nombreux détroits
en un anneau trinitaire
morceaux blonds ronds et nagari
les métaux au repos
demeurent invisibles
pourtant à fleur de peau
l'aiguille des cadrans crible
le temps qui déambule
en 3 cercles funambules

En
crainte de l'écart en quatre
des éléments en compartiments
décisifs et hautement divisés
fécondent les vis à vis
les jeux les pestes assoupies
en trèfles noirs mise et pair
de part et d'autres des repères
les angles du carré itérés et affûtés
cochent l'entier naturel à l'épreuve du vent
des eaux en cavales et des terres en sang
les s sourds se sont consumés dans l'âtre
sous cieux des jadis de naguère
des 4 coins brûlés d'un foulard feu follet

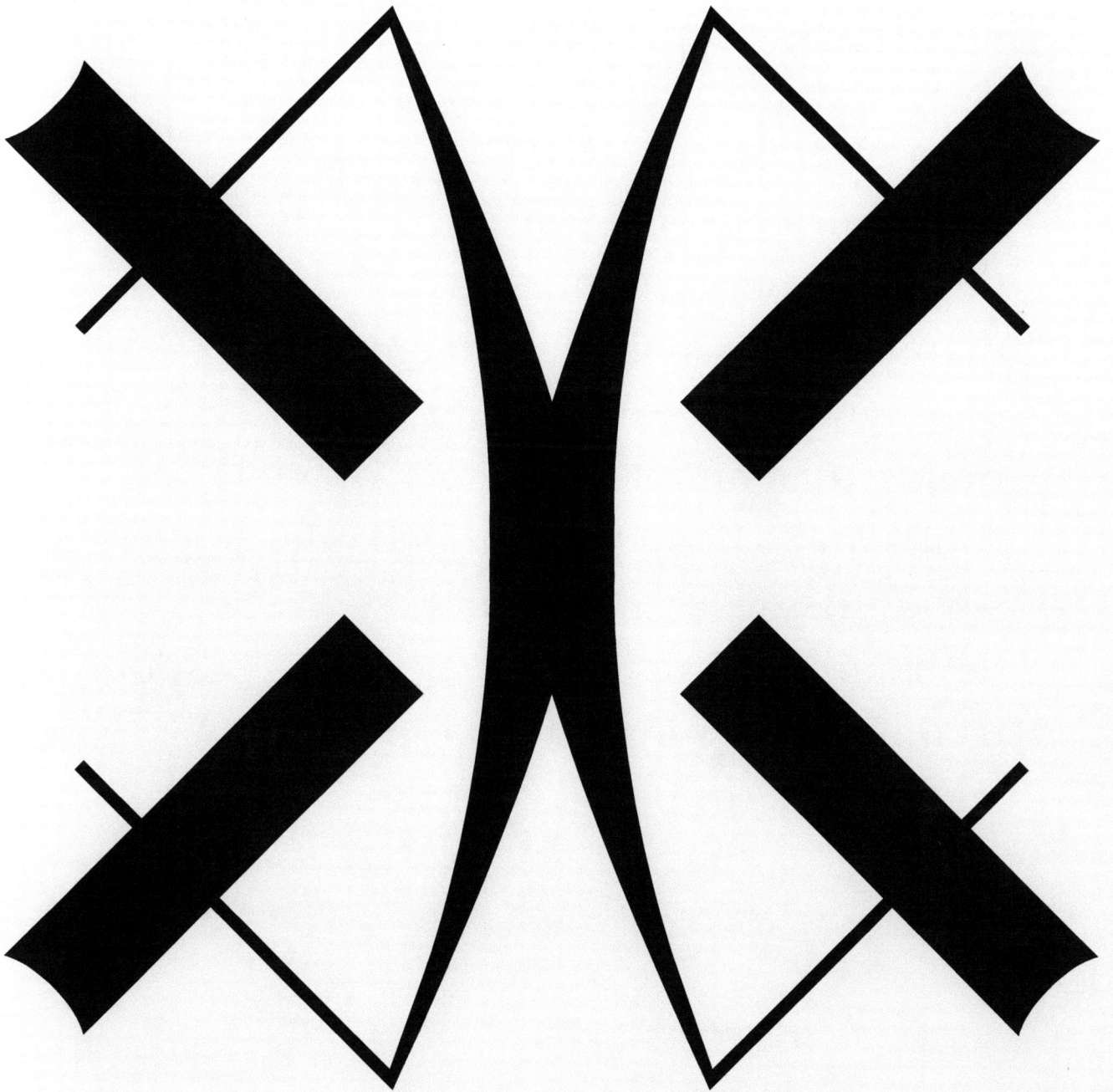

Vers
les rivières parmi les terres en cinq
quinte mère des étoiles ceintes
d'où s'écoulent les teintes
des bords de quai et des minques
à chaque nouvelle croisée
de piliers ocres en prières
de tons lydiens en outre terre
une figure épaisse de sable
pointe le néant et les nuages du ciel
repris aux Kmers aux intouchables
à coup de dés et de butoirs
de batailles romaines en grèves de l'espoir
tremblent en v avec le goût du miel
les 5 doigts du poing dont deux dressés

Avec
ce peu d'incises en six
en compte pas coupées au compas
au sextant en sizain
en autant de pieds sur terre
les soldats l'âme et le sang en héritage
dans le sillage rouge des pas défaits
bouclent en longues siestes prisonnières
les repos éternels sous dalles de pierre
aux angles des rosaces sans âge
l'arobase dextrogyre crypte sien
les servitudes hébraïques
scelle l'idéal en un pavé parfait
mosaïque raide et sans aile
sise
sous 6 flocons de neige teints

De
ce fond de ciel plissé en sept
à flanc d'étoiles luit
chariots et bêtes en tête
l'archipel vermeil d'une nuit
peuplée de monts et de merveilles
neiges blanches et chaperons
les bris des miroirs ensorcellent
aux sons des lyres princières
les langues tribales à foison
à l'aplomb des falaises de verre
vacillent en nombre les salsepareilles
dans la lueur des menorahs
ceux de septembre et de sabbat
de fines ciselures aux voûtes et frontons
propagent en lettres tendres les noms
de 7 îles vieilles d'une enfance en veille

Sans
circuit court en huit
les rondes de vite pluies
crépitent en double courbe
en lacs ou parcelles d'octets
couchées et jalouses
d'un infini bleu dressé
tout en sangles andalouses
maillons et boucles Ghubâr
lot de graphes aux aguets
entrechoquent les corps
des écritures fortuites
cernent de traits forts
les décors du hasard
peuplés de linteaux et de fonts
d'où fleurissent en parangon
dryades lotus et coquelicots
en 8 pétales éclos

Sous
le boisseau s'égrène l'an neuf
sel gui cris d'anges ordinaires
d'où surgit la musique des sphères
les feux solsticiaux à chaque saut
endorment les colères nues de Tara
et celles des filles rousses de Belenos
sous les cendres de Mythra
la mémoire des mythes est polie
systémiquepoïétiquenumérique
atonal jusqu'à l'anomalie
le bruit des tessons de skyphos
use les bois de cerf sonnant l'hallali
notations et sommes arythmiques
crissent et prospèrent dans l'œuf
se soumettent adossées aux pluriels
des mots savants et prononcés
dans l'ombre nouvelle d'une tonnelle
fleurie de 9 chœurs recommencés

dans l'ombre nouvelle d'une tonnelle
fleurie de 9 chœurs recommencés
dryades lotus et coquelicots
formés de 8 pétales éclos
propagent en lettres tendres les noms
de 7 îles vieilles d'une enfance en veille
sise
sous 6 flocons de neige teints
tremblent en v avec le goût du miel
les 5 doigts du poing dont deux levés
sous cieux des jadis de naguère
des 4 coins brûlés d'un foulard feu follet
le temps qui déambule
en 3 cercles funambules
double l'on des passants
en 2 d'eux silencieux
à l'abri des peurs et abîmes
l'1 s'éclot ou s'éteint
pour parfaire l'écho
des 0 venus d'alentour

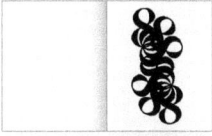

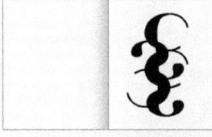

Marc Thébault (Saint-Brieuc 1957)

À la suite de ses études à l'Uer des Arts de l'Université de Haute-Bretagne-Rennes 2, il a été admis à la Jan Van Eyck Akademie de Maastricht aux Pays-Bas (1985-1987). Première exposition personnelle à la Städtische Galerie de Nordhorn (Allemagne) en 1991. Artiste, curieux des formes et expressions expérimentales, il conçoit son travail de sculpture comme une possibilité de suggérer un espace par un objet.
Ce désir de vouloir traduire la puissance expressive d'un environnement naturel, culturel ou domestique, s'exprime notamment par l'attention portée aux relations entre ombres et lumières, transparences et reflets, matières et matériaux.
S'y attachent des productions graphiques – lithographie, typographie, photographie – et écrits poétiques (Des mots de passe en proche).
Associé à Carole Ecoffet sous le label a, ils développent ensemble des projets artistiques en lien avec les sciences contemporaines : publication en 2011 d' « Albus, Alba, Album » (les éditions de l'Archipel, Mulhouse). Nouvelle édition 2019, « The Onslaught Press », Dundee, UK.
Professeur des ENSA, il enseigne à l'École nationale supérieure des Arts Décoratifs de Paris dans le département Art-Espace depuis 2003.

Rudi Meyer (Bâle 1943)

Elève d'Armin Hofmann et d'Emil Ruder (1959-1963) à la Allgemeine Gewerbeschule (Ags) de Bâle, il est diplômé d'état en 1963. Il s'installe à Paris en 1964.
Son activité professionnelle couvre les multiples pratiques du design et de la communication visuelle : signalétique et cartographie, architecture intérieure et scénographie d'exposition, identité visuelle et édition, affiches et logotypes, photographie et typographie, design de produit. Il enseigne à l'Atelier national de création typographique (directeur de recherches de 1990 à 1996) et à l'École nationale supérieure des Arts Décoratifs à Paris de 1967 à 2005. En 1976 il obtient le Design Award « IF, International Forum Design » à Hannovre pour ses montres Lip et un Award du Type Directors Club à New York en 2005.
Ses affiches figurent notamment dans la Merril C. Berman Collection à New York, au Deutsches Plakat Museum à Essen et au Museum für Gestaltung de Zurich.
En 2009, la Bibliothèque nationale de France intègre dans ses collections 92 de ses affiches et plus de 200 productions éditoriales.
Membre de l'Alliance graphique internationale (AGI), ses travaux sont publiés dans de nombreux pays.

Déchiffrage   Dessins de chiffres, dessins de mots.

Du o au 9, Rudi Meyer et Marc Thébault

proposent une expression sensible,

visuelle et allusive, de dix chiffres

en alphabet Didot.

Le dessin de ce caractère présente

un registre restreint de formes.

Cette particularité permet des possibilités

inédites d'assemblage.

Les deux auteurs, dans une démarche

de création conjointe mais autonome,

ont choisi d'explorer les contraintes

formelles du signe et du texte, en autant

de pages en vis à vis.

Au lecteur de naviguer de similitudes en

oppositions, de contiguïtés en éloignements,

de douces impertinences en évidences.

ISBN 978-0-9934217-2-3

www.ingramcontent.com/pod-product-compliance
Lightning Source LLC
Chambersburg PA
CBHW041542260326
41914CB00015B/1525